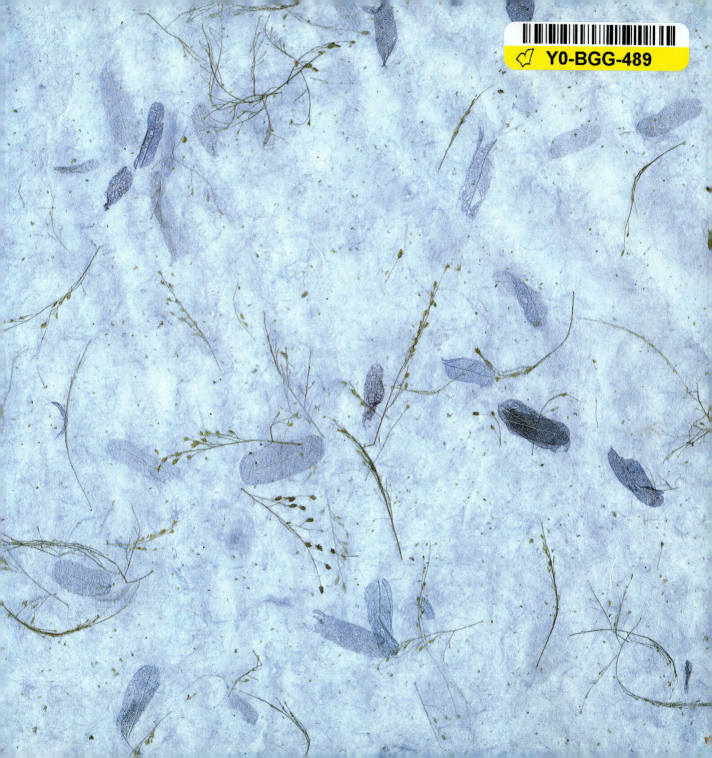

Este libro pertenece a:

© Montse Tobella, idea e ilustraciones, 2002
© Edición castellana: edebé, 2002
Paseo de San Juan Bosco, 62
08017 Barcelona
www.edebe.com

Dirección editorial: Reina Duarte.
Diseño de cubierta: Francesc Sala.

2.ª edición

ISBN 84-236-6314-0
Depósito Legal: B. 42587-2003
Impreso en España
Printed in Spain
EGS - Rosario, 2 - Barcelona

Abuelos

edebé

Abuelos…

Gracias por abrirnos los ojos
a las pequeñas cosas.

Nos hacéis los postres más ricos...

Y nos enseñáis a compartirlos.

Gracias por ocuparos de nosotros.

Nos descubrís otros juegos…

Y siempre nos demostráis cariño.

Gracias por ayudarnos a entender
el paso de los años.

Siempre estáis dispuestos a compartir
nuestra alegría...

Aunque a veces estáis cansados.

Por todo eso, abuelos:
¡os queremos!

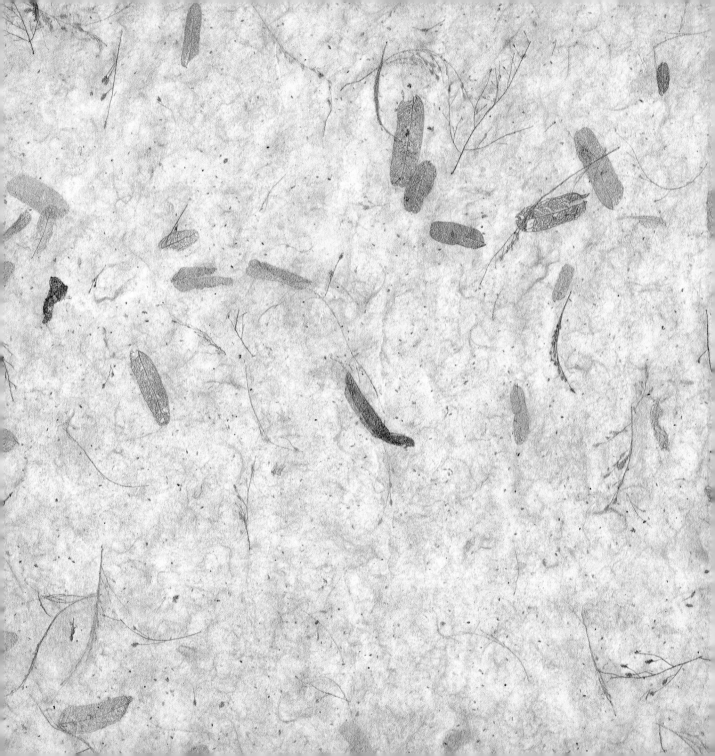